Ein Wochenende mit Familie Igel

Bilder von Anny Hoffmann

Mimi lacht und paßt nicht auf.
Das merkt Lehrer Stachelknauf
und fragt streng: „Jetzt sagst du mir,
wieviel ist denn vier und vier?"

Mimi, die zieht ein Gesicht.
„Vier und vier? Das weiß ich nicht!"
Bobi meldet sich und lacht.
„Bitte, vier und vier ist acht!"

Endlich ist die Schule aus.
Alle Kinder gehn nach Haus.
Mimi muß noch länger bleiben
und ‚Du sollst nicht schwätzen!' schreiben.

Robi lacht die Schwester aus.
Bobi sagt: „Mach dir nichts draus!
Wenn du kommst, dann spielen wir
mit dem Gummirüsseltier."

Fußballspielen ist ein Hit.
Alle Kinder spielen mit.
Robi foult und Mimi pfeift,
was der Schlingel nicht begreift.

„Noch ein Tor! So paß doch auf!
Bobi, streng dich an und lauf,
aber brich dir bloß kein Bein!
Knapp daneben! Muß das sein?"

Robi strengt sich mächtig an.
Ob er wirklich golfen kann?
Achtung, denn jetzt holt er aus,
doch den Golfball hat die Maus.

Und sie sagt: „Den fand ich doch
eben in dem Mauseloch!"
Baby Igel ist noch klein
und will schon ein Caddie sein.

Papa hat eine Idee:
„Kommt, wir fahren an den See,
rudern mit dem Gummiboot,
bleiben bis zum Abendrot!"

Lustig plätschern kleine Wellen
und an manchen tiefen Stellen
schwimmen Fische nah heran.
Hoffentlich beißt einer an!

Robi nimmt den Gartenschlauch
und spritzt Mimi auf den Bauch.
Dann packt Mimi ihn beim Schopf,
spritzt ihm Wasser auf den Kopf.

Baby findet es ganz toll,
denn die Kanne ist noch voll,
und dann gießt sie nicht zu knapp.
Bobi lacht und kriegt was ab.

Judo ist ein harter Sport.
Mimi schaut und sagt kein Wort.
Robi zeigt, was in ihm steckt.
Diesen Wurf kann er perfekt.

Bobi ist zu ihm gesprungen.
Dieser Griff ist gut gelungen.
Robi macht es noch einmal.
Baby ist das zu brutal.

In der kalten Winterszeit,
aber nur, wenn es nicht schneit,
und der See ist zugefroren,
hört man's auf dem Eis rumoren.

Bobi klagt: „Vom Eishockey
tun mir schon die Arme weh!"
Robi sagt: „Mach mir nichts vor!
Los! Die Scheibe muß ins Tor!"

Robi redet immer leiser,
und ganz plötzlich wird er heiser.
Krank ist unser Igelkind.
Mama holt den Arzt geschwind.

Robi sitzt im Bett und klagt.
Igeldoktor horcht und sagt:
„Kalte Wickel, Salbeitee,
und schon tut es nicht mehr weh!"

Im Auftrag hergestellte Sonderausgabe
Gesamtherstellung: G & G Buchproduktion, Hollabrunn